中国工程建设标准化协会标准

填充式大粒径水泥稳定碎石基层技术规程

Technical Specification for Large Stone Base Course Filled with Cement Stabilized Macadam

T/CECS G:K23-01—2019

主编单位:长安大学
批准部门:中国工程建设标准化协会
实施日期:2019 年 07 月 01 日

人民交通出版社股份有限公司

图书在版编目(CIP)数据

填充式大粒径水泥稳定碎石基层技术规程：T/CECS G：K23-01—2019 / 长安大学主编. — 北京：人民交通出版社股份有限公司, 2019.4

ISBN 978-7-114-15491-1

Ⅰ.①填… Ⅱ.①长… Ⅲ.①水泥稳定砂砾–路面基层—技术规范—中国 Ⅳ.①U416.214-65

中国版本图书馆 CIP 数据核字(2019)第 075565 号

标准类型：中国工程建设标准化协会标准
标准名称：填充式大粒径水泥稳定碎石基层技术规程
标准编号：T/CECS G：K23-01—2019
主编单位：长安大学
责任编辑：李　沛
责任校对：刘　芹
责任印制：张　凯
出版发行：人民交通出版社股份有限公司
地　　址：(100011)北京市朝阳区安定门外外馆斜街 3 号
网　　址：http://www.ccpress.com.cn
销售电话：(010)59757973
总 经 销：人民交通出版社股份有限公司发行部
经　　销：各地新华书店
印　　刷：北京市密东印刷有限公司
开　　本：880×1230　1/16
印　　张：2.25
字　　数：56 千
版　　次：2019 年 5 月　第 1 版
印　　次：2019 年 5 月　第 1 次印刷
书　　号：ISBN 978-7-114-15491-1
定　　价：30.00 元

(有印刷、装订质量问题的图书,由本公司负责调换)

中国工程建设标准化协会
公 告

第411号

关于发布《填充式大粒径水泥稳定碎石基层技术规程》的公告

根据中国工程建设标准化协会《关于印发〈2017年第一批工程建设协会标准制订、修订计划〉的通知》(建标协字〔2017〕014号)的要求,按照中国工程建设标准化协会标准管理办法的相关规定,由本协会公路分会组织编制的《填充式大粒径水泥稳定碎石基层技术规程》经审查通过,现批准发布,编号为T/CECS G:K23-01—2019,自2019年7月1日起施行。

二〇一九年二月二十一日

前　言

根据中国工程建设标准化协会《关于印发〈2017年第一批工程建设协会标准制订、修订计划〉的通知》(建标协字[2017]014号)的要求,由长安大学、滁州市公路管理局等单位承担《填充式大粒径水泥稳定碎石基层技术规程》(以下简称"本规程")的制定工作。

本规程规定了填充式大粒径水泥稳定碎石新型路面基层的技术要求。编制单位经过近20年的研究和500余公里的公路工程应用、观测,总结了填充式大粒径水泥稳定碎石路面基层的建设经验,经广泛征求国内同行专家意见,完成了本规程的制定工作。

本规程分为7章、2篇附录,主要内容包括:1 总则,2 术语,3 原材料,4 混合料组成设计,5 结构设计参数,6 施工,7 质量检验与评定,附录A 填充式大粒径水泥稳定碎石材料回弹模量试验方法,附录B 填充式大粒径水泥稳定碎石材料固体体积率试验方法。

本规程基于通用的工程建设理论及原则编制,适用于本规程提出的应用条件。对于某些特定专项应用条件,使用本规程相关条文时,应对适用性及有效性进行验证。

本规程由中国工程建设标准化协会公路分会负责归口管理,由长安大学负责具体技术内容的解释,在执行过程中如有意见或建议,请函告本规程日常管理组,中国工程建设标准化协会公路分会(地址:北京市海淀区西土城路8号;邮编:100088;电话:010-62079839;传真:010-62079983;电子邮箱:shc@rioh.cn),或胡力群(地址:陕西省西安市南二环中段长安大学公路学院,邮编:710064,电话:13571898817,传真:029-82334823,电子邮箱:hlq123@126.com)、郑舟(地址:安徽省滁州市琅琊路280号滁州市公路勘测设计院,邮编:239000,电话:13605504193,传真:055-03024956,电子邮箱:czglzz@163.com),以便修订时参考。

主 编 单 位:长安大学
参 编 单 位:滁州市公路管理局
　　　　　　　滁州市公路勘测设计院
　　　　　　　滁州市交通工程检测中心
　　　　　　　滁州市路桥工程有限责任公司
　　　　　　　皖东天达路桥工程有限公司
　　　　　　　西安长大公路养护技术有限公司
　　　　　　　全椒县通达交通建设工程有限公司
　　　　　　　滁州市公路工程有限责任公司

主　　　编： 沙爱民

主要参编人员： 蒋新明　胡力群　郑　舟　李　昶　马　峰　袁晓胜　朱玉虎
周　勇　任本江　王　勇　吴超凡　林富祥　李寿高

主　　　审： 付　智

参与审查人员： 王秉纲　王　庆　王火明　台电仓　伍石生　刘少文　张东省
徐建东　崔恒凤

目　次

1 总则 1
2 术语 3
3 原材料 4
   3.1 一般规定 4
   3.2 水泥 4
   3.3 大粒径碎石 4
   3.4 填充料和嵌缝料 5
   3.5 水 5
4 混合料组成设计 7
   4.1 一般规定 7
   4.2 大粒径碎石集料空隙率 7
   4.3 填充料和嵌缝料配合比设计 7
   4.4 大粒径碎石与填充料及嵌缝料的比例 7
5 结构设计参数 10
   5.1 一般规定 10
   5.2 回弹模量与泊松比 10
6 施工 13
   6.1 一般规定 13
   6.2 大粒径碎石摊铺 13
   6.3 填充料和嵌缝料的拌和 14
   6.4 填充料摊铺 14
   6.5 混合料整体路拌 14
   6.6 嵌缝料撒布 15

6.7	碾压	15
6.8	接缝处理	16
6.9	养生与交通管制	16

7 质量检验与评定 ··· 17
    7.1 一般要求 ··· 17
    7.2 材料检验 ··· 17
    7.3 施工过程检测 ·· 18
    7.4 质量检查 ··· 20
    7.5 质量评定 ··· 21

附录 A 填充式大粒径水泥稳定碎石材料回弹模量试验方法 ································ 22

附录 B 填充式大粒径水泥稳定碎石材料固体体积率试验方法 ······························ 25

本规程用词用语说明 ·· 28

1 总则

1.0.1 为丰富路面基层结构类型，提高公路沥青路面抗裂性，延长路面使用寿命，制定本规程。

条文说明

填充式大粒径水泥稳定碎石，是由大粒径主骨料组成骨架，水泥稳定碎石填充料填充骨架空隙，经压实形成的一种路面材料，整体呈现柔性特征，并具有良好的承载能力，其强度主要来源于主骨料间的骨架嵌锁作用，填充料起到稳固主骨料的作用。

填充式大粒径水泥稳定碎石材料具有克服收缩裂缝、模量合适、抗变形能力强和耐久性能好等优点。2005年以来，滁州市公路管理局先后在一级、二级及三级公路上应用300余公里，最长已观测13年；2015年开始，湖北省荆州、荆门等市先后应用200余公里，上述路段均无收缩裂缝。

安徽省S206滁州至全椒段一级公路：2006年改造，长6.8km，路面宽23m，加铺结构为18cm普通水泥稳定碎石基层+17cm填充式大粒径水泥稳定碎石新基层+10cm沥青面层（非改性沥青）。在极重交通下使用12年后，2018年经检测道路整体状况良好，基层无收缩裂缝和车辙，承载能力未降低。预测将成为50年内无须结构性大修的长寿命公路。

安徽省S331全椒段、X003滁梁路、S311滁州至定远段及湖北省公安县G207国道等5条道路均采用填充式大粒径水泥稳定碎石基层，使用年限为3~13年，未出现收缩裂缝；与之相比，同期实施的S311皖苏交界至滁州段、S101滁州段、S205天长段等200余公里沥青混凝土路面，基层结构采用水泥稳定碎石，均出现了收缩裂缝，平均间距为15~20m。

1.0.2 本规程适用于各级公路沥青路面基层设计与施工，城市道路可参照执行。

1.0.3 本规程规定了填充式大粒径水泥稳定碎石的原材料、混合料组成设计、结构设计参数、施工以及质量检验与评定要求。

1.0.4 质量控制应贯穿于工程全过程，加强施工工序质量控制与管理，保证工程质量。

1.0.5 应建立健全安全生产管理制度及应急预案，严格执行安全操作规程，保障施工人员的职业健康和施工安全。

1.0.6 应注重节约用地,降低能源和材料消耗,保护环境。

1.0.7 填充式大粒径水泥稳定碎石基层除应符合本规程的规定外,尚应符合国家和行业现行有关标准的规定。

2 术语

2.0.1 填充式大粒径水泥稳定碎石基层　Large stone base course filled with cement stabilized macadam

用大粒径碎石形成骨架,小粒径的水泥稳定碎石填充料填充骨架空隙,经充分压实后形成路面基层。

2.0.2 大粒径碎石　Large crushed stone

粒径为26.5~73mm的单一规格碎石或破碎卵石。

条文说明

可按26.5~37.5 mm、31.5~53mm、37.5~63mm、53~73mm几个粒径规格选取。

2.0.3 填充料　Filling materials

公称最大粒径为9.5mm或13.2mm连续级配的水泥稳定碎石混合料,用作填充大粒径碎石内部空隙。

2.0.4 嵌缝料　Caulking cement stabilized macadam

公称最大粒径为9.5mm连续级配的水泥稳定碎石混合料,用作填充大粒径碎石表面开口空隙。

3 原材料

3.1 一般规定

3.1.1 进场的材料应抽样检测,检测合格后方可使用。

3.1.2 不同料源、规格、品种的原材料应分批检测和储存。

3.2 水泥

3.2.1 水泥应符合国家相关标准的要求,初凝时间应大于3h,终凝时间应不大于10h。宜采用道路基层用缓凝硅酸盐水泥、低强度等级的普通硅酸盐水泥、矿渣硅酸盐水泥和火山灰质硅酸盐水泥,不宜使用快硬水泥、早强水泥,严禁使用受潮变质水泥。

3.2.2 采用散装水泥时,水泥出炉后应停放7d以上,且安定性检测合格后才能使用。运至工地的散装水泥入罐温度应低于50℃,使用时若高于此温度,应采取降温措施。

3.3 大粒径碎石

3.3.1 大粒径碎石宜采用各种硬质岩石,应采用反击破碎工艺加工,表面清洁、无风化、质地坚硬。

3.3.2 大粒径碎石技术要求应满足表3.3.2的规定。

表3.3.2 大粒径碎石技术要求

项目	指 标	单 位	技术要求	试验方法
1	压碎值	%	≤26	JTG E42 T 0316
2	表观密度	g/cm³	≥2.50	JTG E42 T 0304
3	针片状颗粒含量	%	≤12	JTG E42 T 0312
4	软石含量	%	≤5	JTG E42 T 0320

3.3.3 大粒径碎石规格应按表3.3.3选用,对于交通量大、荷载较重的公路宜使用粒

径较大的规格。

表3.3.3 大粒径碎石规格要求

公称粒径(mm)	筛孔尺寸(mm)					
	73	63	53	37.5	31.5	26.5
	通过筛孔的质量百分率(%)					
53~73	100	—	0~10			
37.5~63		90~100	—	0~15	0~5	
31.5~53			90~100	—	0~15	0~5
26.5~37.5				90~100	—	0~5

3.4 填充料和嵌缝料

3.4.1 填充料和嵌缝料级配范围应符合表3.4.1的规定。

表3.4.1 填充料和嵌缝料级配范围要求

类型	筛孔尺寸(mm)								
	13.2	9.5	4.75	2.36	1.18	0.6	0.3	0.15	0.075
	通过筛孔的质量百分率(mm)								
填充料	100	75~100	42~71	27~51	18~36	10~24	6~18	4~13	2~7
		100	43~73	25~52	17~39	12~29	8~21	5~15	2~7
嵌缝料		100	43~73	25~52	17~39	10~24	6~16	4~10	0~5

条文说明

填充料中集料的最大粒径应与大粒径碎石形成较大的断档,最大限度地减少对大粒径碎石骨架的干涉,使大粒径碎石能够很好地嵌锁。若大粒径碎石规格选用53~73mm、31.5~53mm或37.5~63mm,则填充料中集料的最大粒径宜选用13.2mm;若大粒径碎石规格选用26.5~37.5mm,则填充料中集料的最大粒径宜选用9.5mm。

3.4.2 填充料和嵌缝料的其他技术要求应符合现行《公路路面基层施工技术细则》(JTG/T F20)的规定。

3.5 水

3.5.1 符合现行《生活饮用水卫生标准》(GB 5749)的饮用水可直接作为拌和与养生用水。

3.5.2 拌和使用非饮用水时应进行水质检验,技术要求应符合表3.5.2的规定。

表 3.5.2 非饮用水技术要求

项次	项目	技术要求	试验方法
1	pH 值	≥4.5	JGJ 63
2	Cl^- 含量(mg/L)	≤3 500	
3	SO_4^{2-} 含量(mg/L)	≤2 700	
4	碱含量(mg/L)	≤1 500	
5	可溶物含量(mg/L)	≤10 000	
6	不溶物含量(mg/L)	≤5 000	
7	其他杂质	不应有漂浮的油脂和泡沫及明显的颜色和异味	

3.5.3 养生用水可不检验不溶物含量,其他指标应符合表3.5.2规定。

4 混合料组成设计

4.1 一般规定

4.1.1 填充式大粒径水泥稳定碎石混合料组成设计应包括大粒径碎石集料空隙率的测定、填充料和嵌缝料的材料组成设计以及大粒径碎石与填充料及嵌缝料的质量比例设计。

4.2 大粒径碎石集料空隙率

4.2.1 应按照现行《公路工程集料试验规程》(JTG E42)中粗集料堆积密度及空隙率试验(T 0309)规定,测定大粒径碎石集料在振实状态下的空隙率并转换为空隙体积,作为填充料用量的计算依据。

4.3 填充料和嵌缝料配合比设计

4.3.1 填充料集料应采用连续级配,其配合比参照普通水泥稳定碎石材料组成设计方法确定,水泥剂量宜为6.0%~9.0%,7d无侧限抗压强度代表值不低于6.0MPa。

4.3.2 嵌缝料中2.36mm以下集料应采用天然砂或机制砂,采用天然砂时,宜选用细度模数为2.6~3.2的中粗砂。嵌缝料集料应采用连续级配,其配合比参照普通水泥稳定碎石材料组成设计方法确定,水泥剂量宜为11.0%~13.0%,7d无侧限抗压强度代表值不低于10.0MPa。

条文说明
普通细集料中粉料过高时,干燥易起尘,遇水易冲刷。采用天然砂或机制砂可消除该现象,增强层间黏结,减少水损害。

4.4 大粒径碎石与填充料及嵌缝料的比例

4.4.1 应根据振实后单位体积大粒径碎石集料的空隙体积,按式(4.4.1)计算相应混合料中填充料和嵌缝料的总体积V_t。

$$V_t = K_f V \tag{4.4.1}$$

式中：V_t——单位体积混合料中填充料和嵌缝料的总体积，m³；

V——振实后单位体积大粒径碎石集料的空隙体积，m³；

K_f——填充料及嵌缝料的调整系数。K_f 一般取 1.08～1.16，通常情况下取中值；对于新建公路、老路，下承层较为平整、大粒径碎石粒径波动较小时，宜取小值；对于老路，下承层不平整、大粒径碎石粒径波动较大时，宜取大值。

条文说明

为使填充式大粒径水泥稳定碎石中填充料均匀、密实地填充于大粒径碎石骨架空隙中，填充料用量应有一定富余。已有的工程实践表明：填充料和嵌缝料的体积与振实状态下大粒径碎石空隙体积相比，过大时会影响大粒径碎石的骨架形成，过小时会影响填充料的密实和骨架结构稳定性。

4.4.2 填充料与大粒径碎石的质量比应按下列规定进行计算：

1 按式（4.4.2-1）计算单位体积混合料中填充料的质量 m_t。

$$m_t = K_t V_t \rho_t \tag{4.4.2-1}$$

式中：m_t——单位体积混合料中填充料的质量，kg；

K_t——单位体积混合料中填充料的体积系数，一般为 0.95；

V_t——单位体积混合料填充料和嵌缝料的总体积，m³；

ρ_t——填充料的击实最大干密度，kg/m³。

2 按式（4.4.2-2）计算单位混合料（1m³）中大粒径碎石集料的质量 m_s。

$$m_s = (1 - V_t)\rho_s \tag{4.4.2-2}$$

式中：m_s——单位体积大粒径碎石集料的质量，kg；

ρ_s——大粒径碎石的表观密度，kg/m³。

3 按式（4.4.2-3）计算填充料与大粒径碎石的质量比例 ω_t。

$$\omega_t = \frac{m_t}{m_s} \tag{4.4.2-3}$$

式中：ω_t——填充料与大粒径碎石的质量比例。

4.4.3 单位体积混合料中嵌缝料与大粒径碎石的质量比应按下列规定进行计算：

1 按式（4.4.3-1）计算单位体积混合料中嵌缝料的质量 m_q。

$$m_q = K_q V_t \rho_q \tag{4.4.3-1}$$

式中：m_q——单位体积混合料中嵌缝料的质量，kg；

K_q——单位体积混合料中嵌缝料的体积系数，一般为 0.05；

V_t——单位体积混合料填充料和嵌缝料的总体积，m³；

ρ_q——嵌缝料的击实最大干密度,kg/m^3。

2 按式(4.4.3-2)计算嵌缝料与大粒径碎石的质量比例ω_q。

$$\omega_q = \frac{m_q}{m_s} \tag{4.4.3-2}$$

式中:ω_q——嵌缝料与大粒径碎石的质量比例。

5 结构设计参数

5.1 一般规定

5.1.1 填充式大粒径水泥稳定碎石材料可作为沥青路面结构中的基层。

5.1.2 填充式大粒径水泥稳定碎石应按照粒料类基层材料结构进行路面结构设计。可参照现行《公路沥青路面设计规范》(JTG D50)中级配碎石基层路面结构进行计算分析,不考虑该层承受拉应力。

5.2 回弹模量与泊松比

5.2.1 填充式大粒径水泥稳定碎石基层材料的回弹模量试验方法应参照附录A,设计可参照试验结果代表值取值。

条文说明

填充式大粒径水泥稳定碎石主要用作沥青路面基层,其结构设计与参数测试应符合现行《公路沥青路面设计规范》(JTG D50)的相关要求。该材料在实际服役状态下为带裂纹工作,其抗压强度主要来源于大粒径颗粒骨架及其与水化后填充料之间的嵌挤作用,应作为粒料类材料看待。按照现行规范要求,其抗压回弹模量应选用粒料类材料的动态三轴回弹模量测试方法,采用动三轴试验仪进行测试。

然而,设计规范中相关试验方法在成型试件时,筛除了26.5mm以上颗粒,试件尺寸为150mm×300mm(直径×高度),与填充式大粒径水泥稳定碎石的粒径范围不匹配,实际操作中试件制备困难,且考虑到试件中大粒径颗粒对均匀性的影响,试件直径应适当增加;另一方面,增加试件直径会带来重量增加、成型困难、操作不便等一系列负面影响。综合以上两方面因素影响,且考虑到该材料基层厚度一般不超过20cm,因此将试件直径设定为200mm,高度不变。除了试件尺寸变化带来的相应调整外,其他均应参照《公路沥青路面设计规范》(JTG D50—2017)中"附录D 粒料类材料回弹模量试验方法"执行。

参照《公路沥青路面设计规范》(JTG D50—2017)中附录D的试验后数据处理方法,回弹模量计算公式采用的计算参数主要为应力指标,与试件尺寸不直接相关。采用了非线性拟合方式确定回归公式中的回归常数,因此试件直径增加后无须改变回弹模量的计算方法。参考对不同高径比单轴抗压试件尺寸效应的试验研究成果,高径比从2.0减小为1.5后,其回弹模量增加幅度在10%以内。

试件直径较大,且含有大粒径颗粒,制件应采用压力试验机。根据组成设计成果,按一定比例称量单个试件所需主骨料和填充料,分4~5次灌入试模中,每次灌入后用夯棒轻轻均匀插实,将上垫块放入试模内,放到压力机上,加载并维持压力,重复该过程直至试件完成后,带模具一起送入养生室,待养生7d后脱模进行试验。

根据设备调研,动三轴压力室的尺寸一般可以满足试件直径200mm的要求。试件尺寸的增加将导致加载要求的提高,根据该材料的使用层位,实际工作条件下,其顶面压应力不会超过1MPa,此压力均布在试件顶面时,所需的竖向荷载为31.4kN,设备所能提供的有效竖向加载能力应不小于该值。

5.2.2 不具备回弹模量试验条件时,可按表5.2.2取值。

表5.2.2 填充式大粒径水泥稳定碎石的设计参数取值范围

指标	回弹模量(MPa)	泊松比
取值范围	800~1 500	0.25

条文说明

该材料在研究与应用过程中,以回弹模量作为重要的设计参数进行了多项试验研究。

材料组成设计研究阶段进行的是室内顶面法回弹模量测试。此阶段参照水泥稳定碎石材料顶面法测试,部分测试数据见表5-1和表5-2。测试数据范围约为1 000~2 000MPa。

表5-1 顶面法回弹模量测试数据(第一次试验)

试件编号	校正后回弹模量(MPa)	试件编号	校正后回弹模量(MPa)
1	1 227	11	1 742
2	1 620	12	1 937
3	1 993	13	1 890
4	1 597	14	1 561
5	1 882	15	1 652
6	1 219	16	1 237
7	1 288	17	1 287
8	1 762	18	2 076
9	1 435	19	1 628
10	1 536	20	—
校正后回弹模量	平均值	标准差	偏差系数	最大值	最小值
	1 609MPa	274MPa	17.0%	2 076MPa	1 219MPa

表 5-2 顶面法回弹模量测试数据(第二次试验)

试件编号	校正后回弹模量(MPa)		试件编号	校正后回弹模量(MPa)
1	1 028		13	975
2	975		14	1 377
3	963		15	950
4	1 034		16	1 057
5	1 363		17	1 011
6	1 736		18	1 451
7	1 230		19	1 740
8	1 210		20	1 202
9	1 210		21	1 568
10	1 315		22	1 633
11	958		23	—
12	1 108		24	—
校正后回弹模量	平均值	标准差	偏差系数	最大值	最小值
	1 232MPa	259.6MPa	21.1%	1 740MPa	950MPa

另外,2017年《公路沥青路面设计规范》(JTG D50—2017)发布后,根据该材料实际服役状态,参照"粒料类材料回弹模量试验方法"进行了补充试验,测试数据范围约为1 200~2 500MPa。

填充式大粒径水泥稳定碎石的力学性质介于优质骨架密实型级配碎石和普通水泥稳定碎石之间,根据现有的研究成果,前者的动态回弹模量取值范围为300~500MPa,后者的动态回弹模量测试数据一般不小于1 700MPa,填充式大粒径水泥稳定碎石的回弹模量在两者之间。

前期研究的国省干线公路试验段工程中,一般用18~20cm的填充式大粒径水泥稳定碎石等厚度替代普通水泥稳定碎石基层。根据新规范对柔性基层沥青路面的设计指标要求,在极重交通荷载等级下,等厚度替代普通水泥稳定碎石基层时,从结构受力和疲劳寿命角度出发,填充式大粒径水泥稳定碎石的模量最小值应不小于800MPa。

过高的模量要求会导致成本提高,且从受力和结构疲劳寿命角度看,对柔性基层沥青路面并没有显著改善。综上,适宜的模量范围为800~1 500MPa,不具备试验条件时,按此选取;具备试验条件时,回弹模量按实测数据取值。

5.2.3 泊松比可按表5.2.2取值。

条文说明

泊松比取值参照现行《公路沥青路面设计规范》(JTG D50)中的相关规定,对粒料类泊松比取值为0.35,对无机结合料稳定类材料泊松比取0.25。虽然从结构强度来源看,填充式大粒径水泥稳定碎石应看作粒料类材料,但由于其材料表现出的模量远高于级配碎石,且采用了无机结合料,因此泊松比取为0.25。

6 施工

6.1 一般规定

6.1.1 施工前,建设单位应组织设计、施工、监理等单位进行技术交底。施工单位应进行施工组织设计。施工、监理人员应培训后上岗。

6.1.2 下承层验收合格后,方可进行上结构层施工。

6.1.3 正式开工前,应铺筑不小于200m的试验段,确定施工工艺和质量控制要求。
1 填充式大粒径水泥稳定碎石基层施工时,填充料及嵌缝料应采用厂拌法生产,混合料应采用路拌法施工。
2 摊铺试验段时,应根据填充式大粒径水泥稳定碎石基层的设计厚度、大粒径碎石空隙率以及填充料的最大干密度,确定摊铺段所需的大粒径碎石与填充料的比例和质量,在试验段内均匀分层摊铺,分别确定大粒径碎石和填充料的松铺厚度系数。
3 大粒径碎石摊铺厚度经验值一般为基层厚度的0.9~0.95倍,填充料摊铺厚度经验值:采用摊铺机摊铺时,一般为基层厚度的0.40~0.55倍,采用挖掘机等其他设备配合人工摊铺时,一般为基层厚度的0.60~0.70倍。

6.1.4 填充式大粒径水泥稳定碎石基层每层碾压成型厚度宜不小于160mm、不大于200mm。

6.1.5 施工中应采用流水作业法,使各工序紧密衔接,从拌和到碾压结束的作业时间不应超过水泥初凝时间,否则混合料应予以废弃。

6.2 大粒径碎石摊铺

6.2.1 大粒径碎石层宜采用摊铺机摊铺。当摊铺条件受限时,可采用挖掘机等其他设备配合人工摊铺。

6.2.2 摊铺作业应符合下列规定:
1 摊铺过程中应按设计标高,记录基层厚度。同时边部应有侧模,保证边部压实效果。

    2 摊铺过程中应随时检查摊铺厚度、平整度和大粒径碎石分布的均匀性,出现偏差时,应及时补救。

    3 摊铺前应将大粒径碎石洒水至表面湿润状态。

条文说明

    摊铺过程中,大粒径碎石应洒水至表面湿润,可起到润滑作用,减少摊铺阻力和机械磨损。

6.2.3 大粒径碎石摊铺后,宜采用振动压路机静压 1～2 遍。

6.3 填充料和嵌缝料的拌和

6.3.1 填充料和嵌缝料应采用稳定类材料厂拌设备拌和。

6.3.2 填充料和嵌缝料的含水率应按最佳含水率控制。

6.4 填充料摊铺

6.4.1 填充料宜采用摊铺机摊铺,条件受限时,可采用挖掘机等其他设备配合人工摊铺。

6.4.2 应根据试验段确定的松铺系数控制填充料的摊铺厚度。

6.4.3 当大粒径碎石的摊铺厚度波动较大时,填充料的摊铺厚度应作相应调整。

6.5 混合料整体路拌

6.5.1 路拌设备的拌和能力及参数应能保证大粒径碎石和填充料充分拌和、均匀分布。

6.5.2 路拌设备功率应不小于 60kW,转速可为 140～160 转/min。路拌设备刀具尺寸可参照图 6.5.2。

6.5.3 路拌作业应符合下列要求:

    1 待填充料按规定均匀摊铺在大粒径碎石上后,应采用路拌设备将其均匀地翻拌一遍。每次翻拌前应检查刀具,要求刀具完整,刀具缺损要及时更换。

    2 拌和应从边部向中间翻拌。翻拌时纵向应重叠,重叠宽度宜为 15～20cm,不应

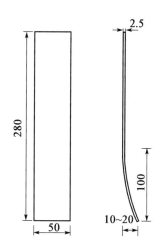

图 6.5.2 路拌设备刀具尺寸(尺寸单位:mm)

漏拌。

3 拌和过程中,应有专人现场开挖,检查翻拌均匀性、填充料在大粒径碎石中的填充情况、填充料是否填充至结构层底,如不符合要求,应重新翻拌。

4 边部和纵横向接缝处应翻拌到位。

5 为防止过度翻拌造成大粒径碎石和填充料之间发生离析,路拌设备停车前应同时提起刀具。

6 应检查平整度和路拱,必要时可进行人工修整。

6.6 嵌缝料撒布

6.6.1 宜用石屑撒布机械进行撒布,条件受限时可用装载机等设备配合人工对表面开口空隙进行撒布填充,并使其均匀。

6.6.2 表层嵌缝料不应过多,防止表面形成薄层、结壳。撒布以表面正好露出大粒径碎石而没有空隙为宜。

6.7 碾压

6.7.1 碾压设备宜采用激振力 40t 以上的重型振动压路机及 25t 以上胶轮压路机或 18～21t 以上三轮压路机。

6.7.2 碾压作业应符合下列规定:

1 重型振动压路机振动碾压宜为 4～6 遍,胶轮压路机或三轮压路机静压宜为 2～3 遍。

2 应加强对接缝、边部的振动压实,以确保边部密实。

3 直线段碾压时,压路机应从外侧向路中心碾压;超高路段碾压时,应由低侧向高侧、自内向外碾压。

　　4　碾压作业应在水泥初凝前完成，表面无轮迹。

6.8　接缝处理

6.8.1　横缝应与路中心线垂直设置。

6.8.2　后一施工段施工时，应将前一施工段靠近衔接处1～3m位置压实不足的混合料挖除，断面应垂直。

6.8.3　两幅合拢时，应将已施工半幅压实不足的混合料挖除，断面应垂直。

6.9　养生与交通管制

6.9.1　碾压结束并经检查合格后，对施工路段应采取洒水养生或覆盖养生，覆盖材料宜采用土工毡、保湿养生膜等节水材料，养生时间应不少于7d。

6.9.2　养生应符合下列要求：
　　1　养生期间，基层表面应始终保持湿润。
　　2　养生用洒水车应采用喷雾式喷头，严禁采用高压式喷管，以免破坏基层结构。

6.9.3　养生期内宜封闭交通。

7 质量检验与评定

7.1 一般要求

7.1.1 施工质量标准与控制应包括所用材料检验、施工过程检测和工程完工后的质量检查验收。

7.1.2 应建立健全工地试验、质量检查及工序间的交接验收等制度。试验、检验应做到原始记录齐全,数据真实可靠。

7.1.3 施工过程中发现质量缺陷时,应加大检测频率;必要时应停工整顿,查找原因。

7.1.4 施工关键工序宜拍摄照片或录像,作为现场记录保存。

7.1.5 施工结束后,应清理现场,处理废弃物,恢复耕地或绿化,做到工完场清。

7.1.6 应在拌和厂内或距离不超过1km的范围内设置功能完备的试验室;施工过程中,应配备有相关试验资质的试验操作人员。同时应明确每个质量控制环节上的责任人。

7.2 材料检验

7.2.1 在施工前及施工过程中,原材料或混合料发生变化时,应检验拟采用材料。

7.2.2 大粒径碎石应按表7.2.2所列试验项目和要求检测评定。

表7.2.2 大粒径碎石试验项目和要求

项次	试验项目	目的	频度	试验方法
1	含水率	确定原始含水率	每天使用前测2个样品	JTG E42 T 0305
2	级配	确定级配是否符合要求,确定材料配合比	使用前测2个样品,使用过程中每2 000m³测2个样品	JTG E42 T 0303

续上表

项次	试验项目	目 的	频 度	试验方法
3	表观密度、吸水率	评定粒料质量,计算固体体积率	使用前测2个样品,使用过程中每2 000m³测2个样品,碎石种类变化重做2个样品	JTG E42 T 0304
4	压碎值	评定石料的抗压碎能力是否符合要求		JTG E42 T 0316
5	针片状颗粒含量	评定石料质量		JTG E42 T 0312
6	软石含量	评定石料质量		JTG E42 T 0320

7.2.3 填充料和嵌缝料应按表7.2.3所列试验项目和要求检测评定。

表7.2.3 填充料和嵌缝料试验项目和要求

项次	试验项目	目 的	频 度	试验方法
1	重型击实试验	最佳含水率和最大干密度	材料发生变化时	JTG E51 T 0804
2	抗压强度	填充料及嵌缝料配合比试验及施工期间质量评定	每次配合比试验	JTG E51 T 0805
3	延迟时间	确定延迟时间对填料和嵌缝料密度和抗压强度的影响,确定施工允许的延迟时间	水泥品种变化时	JTG E51 T 0805
4	绘制EDTA标准曲线	对施工过程中水泥剂量有效控制	水泥品种变化时	JTG E51 T 0809

7.2.4 其他原材料应按现行《公路路面基层施工技术细则》(JTG/T F20)检测评定。

7.3 施工过程检测

7.3.1 施工过程中的质量控制应包括外形尺寸检查及内在质量检验两部分。

7.3.2 基层外形尺寸检查项目、频度和质量标准应符合表7.3.2的规定。

表7.3.2 基层外形尺寸检查项目、频度和质量标准

项次	项 目		频 度	质 量 标 准	
				高速公路、一级公路	二级及二级以下公路
1	纵断高程(mm)		高速公路和一级公路每20m检查1个断面,每个断面3~5点;二级及二级以下公路每20m检查1点	+5 ~ -10	+5 ~ -15
2	厚度(mm)	均值	每1 500~2 000m² 检查6点	≥ -8	≥ -10
		单个值		≥ -10	≥ -20
3	宽度(mm)		每40m检查1处	>0	>0
4	横坡度(%)		每100m检查3处	±0.3	±0.5
5	平整度(mm)		每200m检查2处,每处连续10尺(3m直尺)	≤8	≤12
			连续式平整度仪的标准差	≤3.0	—

7.3.3 根据施工工艺,内在质量控制应分为后场质量控制和前场质量控制。

7.3.4 后场质量控制的项目、内容和频率应符合表7.3.4的规定。

表7.3.4 施工过程中后场质量控制的项目、内容和频率

项 目	内 容	频 率
原材料抽检	水泥质量	每批次
	大粒径碎石级配、规格	每批次
	大粒径碎石品质	每批次
	填充料和嵌缝料用的粗细集料级配、规格	异常时,随时试验
	填充料和嵌缝料用的粗细集料品质	异常时,随时试验
填充料和嵌缝料抽检	混合料级配	每2 000m² 不少于1次
	水泥剂量	每2 000m² 不少于1次
	含水率	每2 000m² 不少于1次

7.3.5 前场质量控制的项目、内容和频率应符合表7.3.5的规定。

表7.3.5 施工过程中前场质量控制的项目、内容和频率

项次	项 目	内 容	频 率
1	大粒径碎石摊铺	摊铺厚度	逐桩检查
2	填充料摊铺	摊铺厚度	逐桩检查
		含水率状态	随时
3	混合料整体路拌目测	拌和均匀性	随时

续上表

项次	项目	内容	频率
4	嵌缝料撒布目测	大粒径碎石开口空隙被填充状态	随时
5	碾压目测	压实机械是否满足	随时
		碾压组合、次数是否合理	随时
6	填充料和嵌缝料强度	在前场取样成型制件	每个作业段不少于6个
7	固体体积率检测	固体体积率	每个作业段检测3次以上
8	大粒径碎石与填充料及嵌缝料的质量比检测	开挖法,试坑尺寸不小于50cm×50cm(全深),同时记录填料的填充密实状态	每个作业段检测3次以上
9	钻孔检测	—	每个作业段不少于3个
10	弯沉检测	—	每个评定路段(不超过1km)每车道40~50个测点

7.3.6 现场碾压结束后,应及时检查大粒径碎石与填充料及嵌缝料的质量比,并检测固体体积率。固体体积率检测应按照附录B,采用灌砂试验方法测定。

7.3.7 大粒径碎石与填充料及嵌缝料的质量比检查中,发现比例不满足要求时,应分析原因并采取必要的措施。

7.3.8 龄期大于14d时,应钻孔检查其整体性,成孔率不低于80%,孔壁基本完整。

条文说明

施工气温较高时(平均温度20℃以上),可在龄期达到14d时进行取芯检查,施工气温较低时(平均温度20℃以下),应适当延迟取芯时间。

7.3.9 应在养生14~21d内检测弯沉;不满足要求时,应返工处理。

7.4 质量检查

7.4.1 检查内容应包括工程完工后的外形检查和质量检查两方面,外形检查应符合表7.3.2的规定。

7.4.2 用于检测固体体积率、厚度、水泥剂量的样品的现场取芯位置,应按相关标准要求确定。

7.4.3 质量检查各项技术指标应符合表 7.4.3 的规定。

表 7.4.3 质量合格标准值

项次	检查项目	检查数量	标 准 值	极限低值
1	固体体积率	每公里 3~6 处	87%	83%
2	大粒径碎石与填充料及嵌缝料的质量比	每公里 3~6 处	批准的配合比设计值	±5%
3	填充料及嵌缝料的强度	每个作业段不少于 6 个	设计值	—
4	弯沉值	每车道每公里 40~80 个测点	设计值	—

7.5 质量评定

7.5.1 填充式大粒径水泥稳定碎石应符合下列要求：
1 大粒径碎石技术指标应符合本规程要求。
2 填充料及嵌缝料最大粒径、水泥剂量和矿料级配应符合本规程要求。
3 大粒径碎石与填充料及嵌缝料的比例应按本规程组成设计要求控制,并符合表 7.4.3 的规定。
4 填充料及嵌缝料 7d 龄期无侧限抗压强度应符合本规程和设计要求。
5 检测合格后,应立即保湿养生,养生应符合本规程要求。

7.5.2 填充式大粒径水泥稳定碎石基层实测项目应符合表 7.5.2 的规定。

表 7.5.2 填充式大粒径水泥稳定碎石基层实测项目

项次	检查项目		质量标准		检查方法和频率
			高速公路和一级公路	二级及二级以下公路	
1	固体体积率	代表值	≥87	≥86	按附录 B 检查,每 200m 测 2 点
		极值	≥84	≥83	
2	弯沉值(0.01mm)		满足设计要求		按 JTG F80/1 检查
3	平整度(mm)		≤8	≤12	3m 直尺:每 200m 测 2 处,每处连续 5 尺
4	纵断高程(mm)		+5,-10	+5,-15	水准仪:每 200m 测 2 个断面
5	宽度(mm)		满足设计要求		尺量:每 200m 测 4 点
6	厚度(mm)	代表值	-8	-10	按 JTG F80/1 检查,每 200m 测 2 点
		合格值	-10	-20	
7	横坡(%)		±0.3	±0.5	水准仪:每 200m 测 2 个断面

7.5.3 填充式大粒径水泥稳定碎石基层外观质量应表面无松散、坑洼、碾压轮迹。

附录 A 填充式大粒径水泥稳定碎石材料回弹模量试验方法

A.1 适用范围

A.1.1 本方法适用于采用动态三轴压缩试验测试填充式大粒径水泥稳定碎石材料的回弹模量。

A.1.2 成型试件可采用静载压实或振动压实等方法。

A.2 仪器设备

A.2.1 试模：试件尺寸为直径×高度=200mm×300mm，试模的尺寸如图 A.2.1 所示。

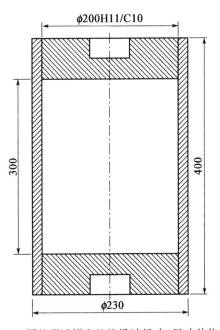

图 A.2.1 圆柱形试模和垫块设计尺寸（尺寸单位：mm）

注：H11/C10 表示垫块和试模的配合精度。

A.2.2 电动脱模器：液压泵额定压力不小于 64MPa；液压千斤顶起重吨位不小于 10t，行程不少于 500mm，工作压力不小于 64MPa。

A.2.3 压力试验机：量程不小于 2 000kN，行程、速度可调。

A.2.4 钢板尺:量程500mm,最小刻度1mm。

A.2.5 游标卡尺:量程500mm。

A.2.6 电子天平:量程15kg,感量1g;量程5 000g,感量0.01g。

A.2.7 动三轴试验仪等应符合《公路沥青路面设计规范》(JTG D50—2017)中"粒料类材料回弹模量试验方法"的相关要求。

A.3 试验准备

A.3.1 制备试件时大粒径碎石应筛除粒径大于53mm的颗粒,试件个数应不少于13个。

A.3.2 根据本规程填充式大粒径水泥稳定碎石配合比设计方法和计算试件的大粒径碎石质量和填充料的质量。

A.3.3 大粒径碎石:取有代表性的风干试料,按现行《公路工程集料试验规程》(JTG E42)测定其表观密度、空隙率、风干含水率等以备用。

A.3.4 填充料准备应符合下列规定:
1 按《公路工程集料试验规程》(JTG E42—2005)中T 0804试验方法确定填充料的最佳含水量和最大干密度。
2 在试验前一天,取有代表性的试料测定其风干含水率。将准备好的试料分别装入塑料袋中备用。
3 按《公路工程无机结合料稳定材料试验规程》(JTG E51—2009)中T 0843要求,制备填充料。填充料应在1h内按本规程第A.4节制成试件,超过1h的填充料应作废。

A.4 试件制备

A.4.1 采用压力试验机制件。

A.4.2 将试模配套的下垫块放入试模的下部,外露2cm左右。将规定数量的大粒径碎石和混合均匀的填充料分4~5次灌入试模中,每次灌入后用夯棒轻轻均匀插实。灌入完成后将与试模配套的上垫块放入试模内,应使其外露2cm左右。

A.4.3 将整个试模(连同上、下垫块)放到压力机上,以1mm/min的加载速率加压,直到上下压柱都压入试模为止。维持压力2min。

A.4.4 解除压力后,取下试模,将试件带模具一起送入养护室养生,待养生1d后,放到脱模器上将试件顶出。

A.4.5 在脱模器上取试件时,应用双手抱住试件侧面的中下部,然后沿水平方向轻轻旋转,待感觉到试件移动后,再将试件轻轻捧起,放置到试验台上。严禁直接将试件向上捧起。

A.4.6 检查试件的高度和质量,不满足成型标准的试件应作为废件。

A.4.7 试件称量后应立即放在塑料袋中封闭,并用潮湿的毛巾覆盖,移放至养护室养生。

A.5 试验步骤和计算

A.5.1 按《公路沥青路面设计规范》(JTG D50—2017)中"粒料类材料回弹模量试验方法"的相关要求执行。

附录 B 填充式大粒径水泥稳定碎石材料固体体积率试验方法

B.1 适用范围

B.1.1 本方法适用于在现场测定填充式大粒径水泥稳定碎石基层的各种材料压实层的固体体积率。

B.1.2 固体体积率为固体体积占试洞体积的百分率。

B.2 仪具与材料技术要求

B.2.1 直径200mm的灌砂筒及标定罐、基板。

B.2.2 量砂:粒径0.3~0.6mm、清洁干燥的砂,约20~40kg。

B.2.3 试样盒:容积不小于5 000 cm^3 的普通塑料盒。

B.2.4 台称:称量20kg,感量不大于1g。

B.2.5 天平:称量10kg,感量不大于0.1g。

B.2.6 试样烘干器具:烘箱、试样盘等。

B.2.7 虹吸筒:内径200mm,高700mm,在高350mm处设带开关的出水口。虹吸筒示意图如图B.2.7所示。

B.2.8 接水杯:容积不小于8 000 cm^3。

B.2.9 搅拌棒:直径1cm、长100cm的金属棒。

B.2.10 其他:凿子、铁锤、长把勺、长把小簸箕、毛刷等。

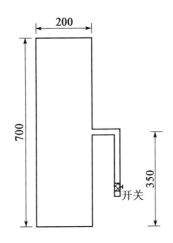

图 B.2.7 虹吸筒示意图(尺寸单位:mm)

B.3 试验准备

B.3.1 按《公路路基路面现场测试规程》(JTG E60—2008)的灌砂法(T 0921)标定量砂的松方密度 ρ_s。

B.4 试验步骤

B.4.1 测定试洞体积

1 在试验地点选一块平坦表面,其面积不得小于基板面积,将其清扫干净。

2 在灌砂筒筒口高度上,向灌砂筒内装砂至距筒顶距离 15mm 左右为止。称取装入筒内砂的质量 m_1,准确至 1g。此后每次标定及试验都应该维持装砂高度与质量不变。

3 将基板放在平坦表面上,并将盛有量砂(m_1)的灌砂筒放在基板中间的圆孔上。打开灌砂筒的开关,让砂流入基板的中孔内,直到储砂筒内的砂不再下流时关闭开关。取下灌砂筒,并称量筒内砂的质量 m_2,准确至 1g。

4 取走基板,并将留在试验地点的量砂收回,重新将表面清扫干净。

5 将基板放回清扫干净的表面上(尽量放在原处),沿基板中孔凿试洞(试洞的直径与灌砂筒一致)。在凿试洞过程中,应注意不使凿出的材料丢失,并随时将凿松的材料取出装入试样盒内。试洞的深度应等于测定层厚度,但不得有下层材料混入,最后将试洞内的全部凿松材料取出。

6 将基板放在试洞上,将灌砂筒放在基板中间(灌砂筒内放砂到要求质量 m_3),使灌砂筒的下口对准基板的中孔及试洞,打开灌砂筒的开关,让砂流入试洞内。在此期间,应注意勿碰动灌砂筒。当灌砂筒内的砂不再下流时,关闭开关。取走灌砂筒,并称量筒内剩余砂的质量 m_4,准确至 1g。

7 取出试洞内的量砂,以备下次试验时再用。若量砂的湿度已发生变化或量砂中混有杂质,则应该重新烘干、过筛,并放置一段时间,使其与空气的湿度达到平衡后再用。

B.4.2 测定试样的固体体积

1 将挖出的全部试样放在洁净的试样盆中,放入烘箱内烘干至恒量后取出,冷却至室温。

2 称取水杯的质量 m_5,准确至 1g。

3 将虹吸筒放在水平的工作台上,打开溢流口开关,注水入虹吸筒,直到溢流口有水溢出时停止注水,当溢流口流水停止时关闭开关。

4 把已烘干冷却的试样缓缓加入虹吸筒中,用搅拌棒插捣、搅拌水下的试样,排除试样中的气体,搅拌时勿使水溅出筒外,静置 5min;待虹吸筒中的悬浮物降沉后,将接水杯放在出水口下,打开开关,放出虹吸筒内因固体加入而排走的水,待不再有水流出后,关闭开关。

5 取出已盛水的接水杯,称其质量 m_6,准确至 1g。测量接水杯内水的温度 t。

B.5 计算

B.5.1 按式(B.5.1)计算填满试坑所用砂的质量 m_b。

$$m_b = m_3 - m_4 - (m_1 - m_2) \tag{B.5.1}$$

式中:m_b——填满试坑所用砂的质量,g;
m_3——灌砂前灌砂筒内砂的质量,g;
m_4——灌砂后灌砂筒内剩余砂的质量,g;
$(m_1 - m_2)$——灌砂筒下部圆锥体内及基板和粗糙表面间砂的合计质量,g。

B.5.2 按式(B.5.2)计算试坑体积 V_K。

$$V_K = \frac{m_b}{\rho_S} \tag{B.5.2}$$

式中:ρ_S——量砂的松方密度,g/cm³。

B.5.3 按式(B.5.3)计算试样的固体体积 V_g。

$$V_g = \frac{m_6 - m_5}{\gamma_w} \tag{B.5.3}$$

式中:m_5——接水杯的质量,g;
m_6——接水杯和排出水的质量,g;
γ_w——试验温度 t 下水的密度,g/cm³。

B.5.4 按式(B.5.4)计算试样的固体体积率 K_V。

$$K_V = \frac{V_g}{V_K} \times 100 \tag{B.5.4}$$

本规程用词用语说明

1 本规程执行严格程度的用词,采用下列写法:

1) 表示很严格,非这样做不可的用词,正面词采用"必须",反面词采用"严禁";

2) 表示严格,在正常情况下均应这样做的用词,正面词采用"应",反面词采用"不应"或"不得";

3) 表示允许稍有选择,在条件许可时首先应这样做的用词,正面词采用"宜",反面词采用"不宜";

4) 表示有选择,在一定条件下可以这样做的用词,采用"可"。

2 引用标准的用语采用下列写法:

1) 在标准总则中表述与相关标准的关系时,采用"除应符合本规程的规定外,尚应符合国家和行业现行有关标准的规定"。

2) 在标准条文及其他规定中,当引用的标准为国家标准和行业标准时,表述为"应符合《××××××》(×××)的有关规定"。

3) 当引用本标准中的其他规定时,表述为"应符合本规程第×章的有关规定""应符合本规程第×.×节的有关规定""应符合本规程第×.×.×条的有关规定"或"应按本规程第×.×.×条的有关规定执行"。